MONSTRUOS MARINOS

EDICIÓN PATHFINDER

Por Dan Hogan

CONTENIDO

MONSTRUOS

Las oscuras profundidades del océano están habitadas por criaturas asombrosas. Algunas son tan grandes como un autobús escolar. Muchas de ellas brillan en la oscuridad. La mayoría tiene dientes filosos como una navaja. Y no paramos de hallar nuevos ejemplares.

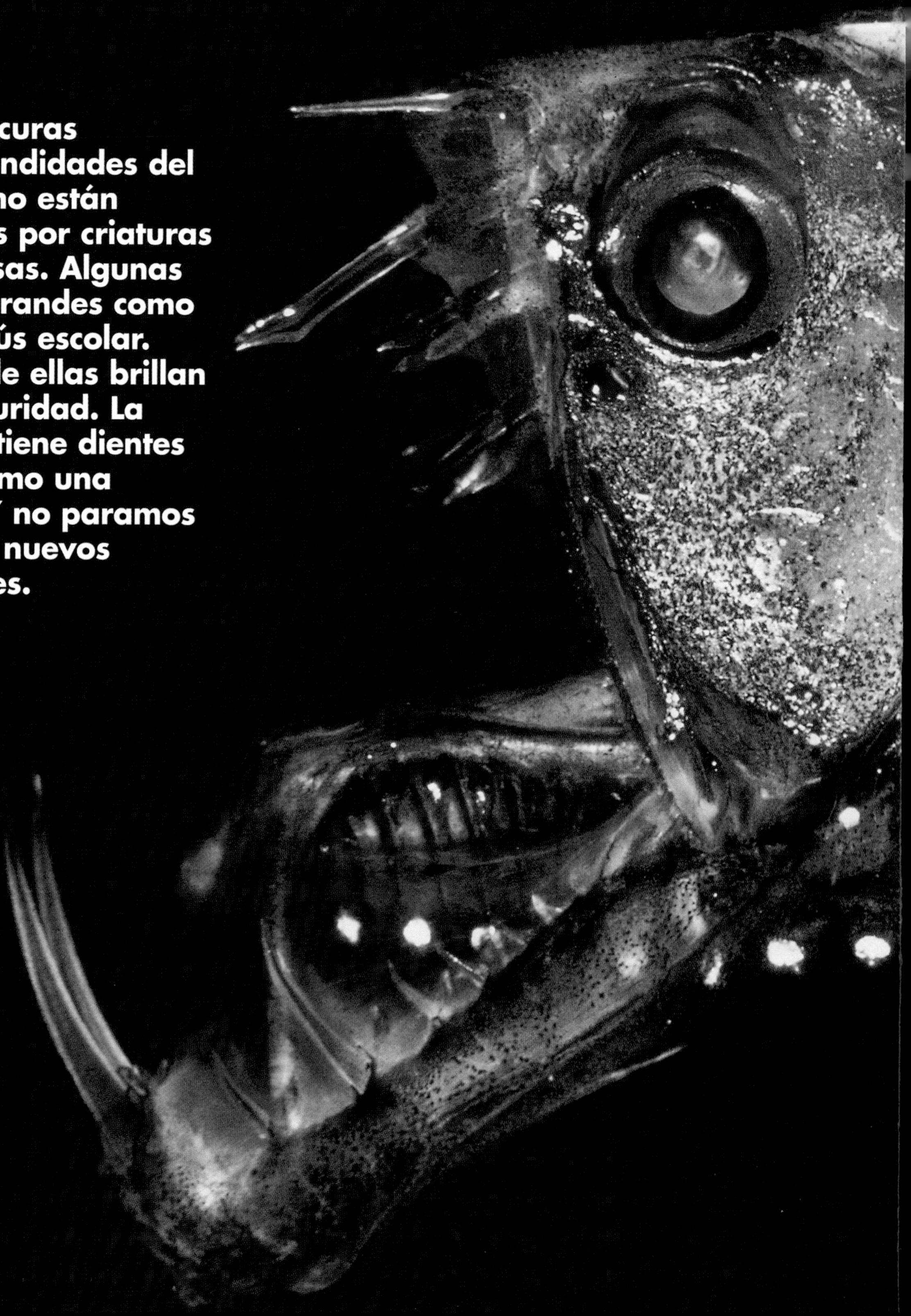

Pez víbora

marinos

Por Dan Hogan

Pocos lugares en nuestro planeta resultan tan misteriosos como el fondo del mar. Hasta hace poco, los científicos dudaban de que muchas criaturas pudieran vivir allí. Ahora los expertos analizan el océano en mayor profundidad.

Los científicos envían **sumergibles**, o pequeños navíos submarinos, que viajan muy por debajo de la superficie. Las cámaras de estos submarinos algunas veces logran tomar imágenes de las criaturas del fondo del mar.

Los científicos también arrojan grandes redes a las profundidades. A veces, las redes atrapan a criaturas que los humanos no han visto nunca. ¡Algunos de estos animales parecen monstruos marinos de la vida real!

Toda esta investigación les está enseñando a los científicos a pensar en el fondo del mar de una forma diferente.

Vecindario peligroso

El fondo del mar no es un lugar sencillo para vivir. Es frío. Las temperaturas del agua están muy pocos grados por encima del punto de congelamiento.

También es oscuro. A mayor profundidad, menos luz solar hay. Aproximadamente a los 3000 pies, la luz desaparece por completo. Y ese es solo un tercio del camino. La profundidad promedio del océano es de 12.000 pies. El lugar más profundo que se ha descubierto se encuentra a más de 35.000 pies por debajo de la superficie.

Allí está muy oscuro. Ya que no hay nada para ver, muchos peces del fondo del mar no tienen ojos. Unos pocos, como el calamar gigante, tienen ojos enormes. Estos órganos del tamaño de platos le permiten al calamar ver las siluetas difusas de otros animales.

Además del frío y la oscuridad, los animales del fondo del océano enfrentan un tercer peligro: otras criaturas.

Atrapado en la cadena alimenticia

Los animales comen. De una u otra forma, deben encontrar alimento para sobrevivir. En la tierra o en aguas poco profundas, muchas criaturas se alimentan de plantas. Estos animales se llaman **herbívoros**.

Sin embargo, las plantas escasean en el fondo del mar. Sobrevivir allí implica ser **carnívoro**. Esos son los animales que comen carne.

Esto significa que las criaturas del fondo del mar tienen dos trabajos importantes. Deben hallar presas y evitar convertirse en **presa**.

Si unimos a los **depredadores** con las presas, obtenemos una **cadena alimenticia**. Cada cadena es una serie de animales que se alimentan unos de otros. Los camarones, por ejemplo, pueden ser el alimento de un rape. Luego, el rape puede convertirse en el bocadillo de un calamar gigante. El calamar, a su vez, podría terminar en el estómago de un cachalote.

La vida en la cadena alimenticia es estresante. Sin embargo, algunas criaturas del fondo del mar han encontrado una forma de sacar provecho de sus problemas.

Luces peligrosas

En un mundo sin luz, algunos "monstruos marinos" fabrican su propia luz. Tienen órganos especiales en el cuerpo que producen sustancias químicas que brillan. Los científicos denominan **bioluminiscencia** a esa habilidad. Es posible que la hayas visto en las luciérnagas.

La bioluminiscencia ayuda a algunas criaturas del fondo del mar a encontrar a sus presas. Ayuda a otros a evitar convertirse en la comida de otro animal. A continuación se mencionan algunos ejemplos.

Calamar vampiro Este animal confunde a los depredadores para sobrevivir. El calamar despide una materia viscosa brillante. También puede voltear su cuerpo de adentro hacia afuera.

Pepino de mar Cuando un depredador se acerca, el pepino de mar se deshace de su piel pegajosa y brillante. La piel se adhiere al depredador y advierte a otras criaturas de su presencia.

¡Sorpresa! *Este calamar–vampiro, del tamaño de un balón de fútbol, parece ser presa fácil. No es así. Tiene filosos ganchos alineados debajo de sus brazos.*

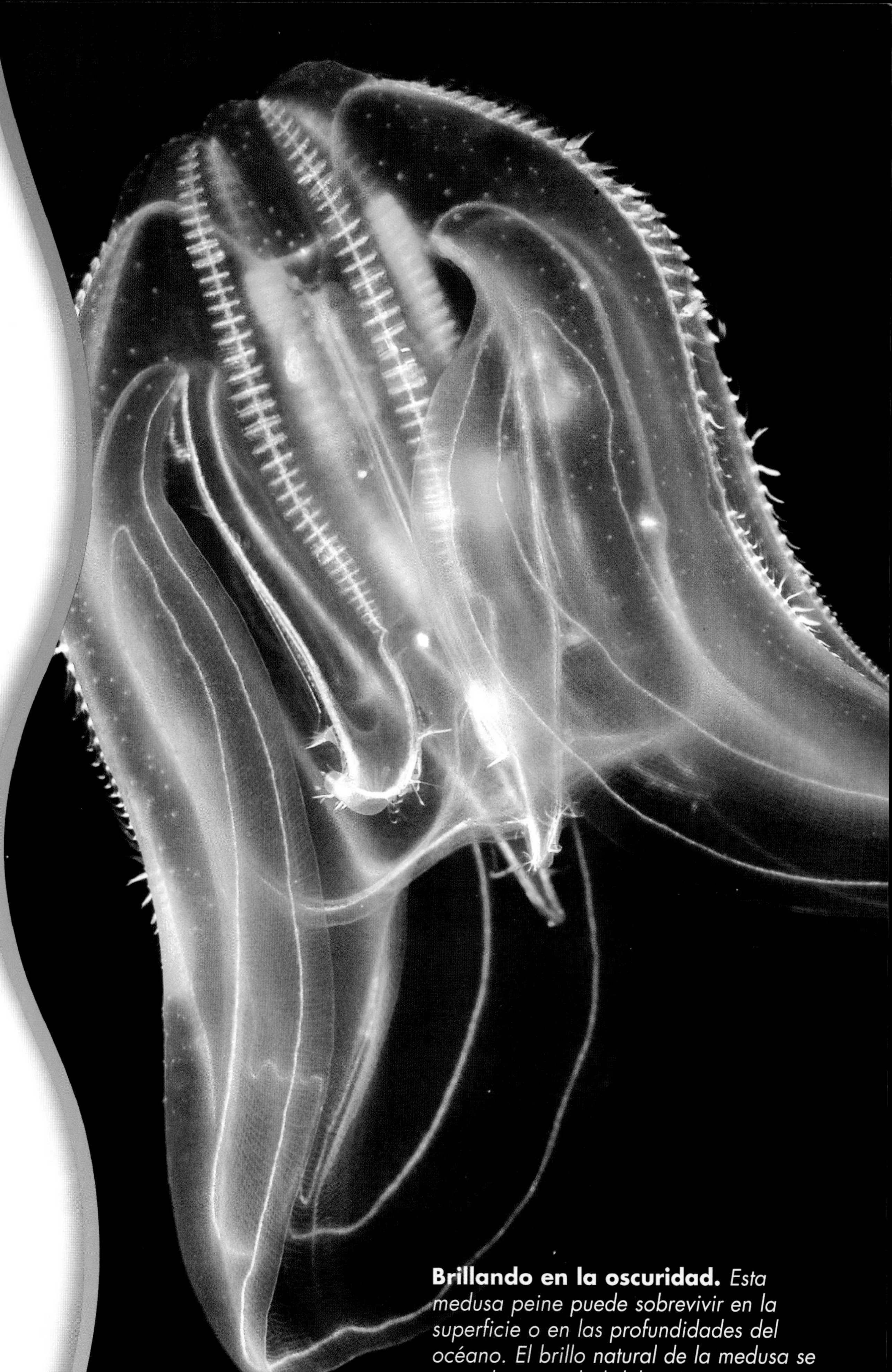

Brillando en la oscuridad. *Esta medusa peine puede sobrevivir en la superficie o en las profundidades del océano. El brillo natural de la medusa se ve en la oscuridad del océano.*

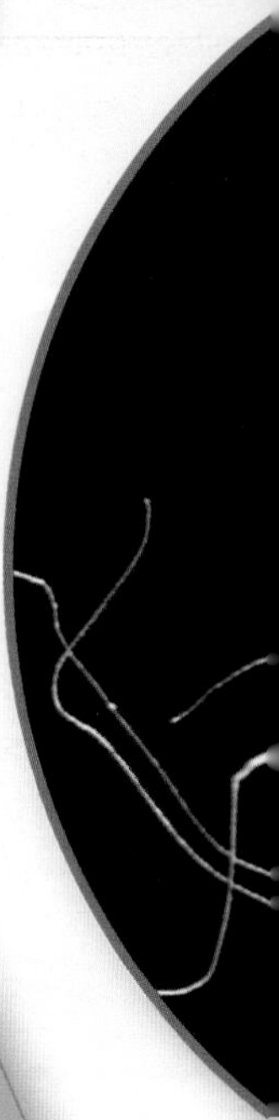

Bien equipado. *Este calamar gigante utiliza sus fuertes brazos para despedazar a sus presas.*

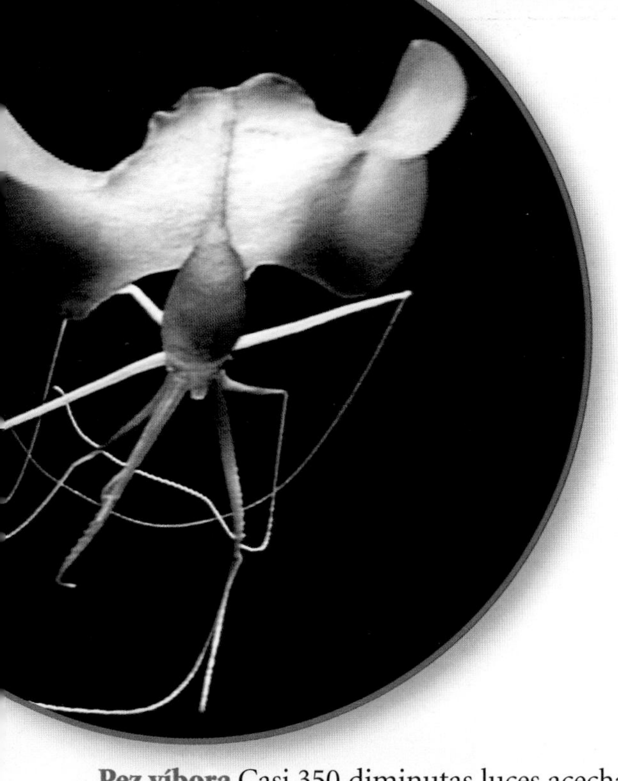

Pez víbora Casi 350 diminutas luces acechan a sus presas en la boca del pez víbora. Luego, el pez utiliza sus largos y afilados dientes para capturar a la presa. Estos dientes son tan largos que el pez víbora no puede cerrar la boca completamente.

Rape Este depredador tiene una "caña de pescar" en la punta de la nariz. Las bacterias, o gérmenes, viven en la punta y brillan. Algunos peces piensan que la luz es comida. Nadan hacia ella y se encuentran atrapados en las terribles mandíbulas del depredador.

Pez dragón Este animal largo y similar a una anguila tiene un órgano brillante especial debajo de cada ojo. Utiliza esos órganos como linternas para cazar a sus presas.

Sin embargo, la bioluminiscencia puede ser peligrosa. Al brillar en la oscuridad, un animal puede llamar la atención de un calamar gigante.

Nuevo descubrimiento

Llamar la atención de un calamar gigante es una muy mala idea. El calamar gigante es uno de los monstruos más grandes del fondo del mar. Puede crecer hasta el tamaño de un autobús. Muchas especies, o tipos, diferentes de calamares nadan en el océano. Probablemente no conozcamos a todas ellas.

No hace mucho tiempo, los científicos descubrieron otra especie (arriba). Esta bestia del tamaño de una jirafa habita a media milla de la superficie. Al igual que todas las demás especies de calamar, este tiene ocho brazos y dos tentáculos más largos.

Sin embargo, el calamar recientemente descubierto tiene brazos poco usuales. Son pegajosos. Cuando el calamar nada, los animales más pequeños chocan contra ellos y quedan pegados. La próxima vez que el calamar siente hambre, ya tiene su comida a mano.

Este recién descubierto también tiene su propia forma de desplazarse. A diferencia de otros calamares gigantes, este tiene grandes aletas parecidas a un par de alas. Agita las aletas para nadar por el océano.

Muchas otras especies utilizan una parte especial del cuerpo que se llama embudo para desplazarse. El calamar dispara un chorro de agua de su embudo. El chorro de agua le permite moverse con una velocidad sorprendente. Para cambiar de curso, el calamar apunta su embudo en otra dirección.

Misterios profundos

La gente a menudo imagina el fondo del mar como un lugar de mucho silencio. No es así. Esas raras y maravillosas criaturas pueden ser muy ruidosas. Los científicos han registrado muchos sonidos provenientes del fondo del océano.

Las ballenas, los terremotos y los barcos producen la mayoría de esos sonidos submarinos. ¿Quiénes producen los demás sonidos? Los científicos no siempre lo saben.

Uno de los sonidos más fuertes se denomina "blup". Muchos científicos piensan que este extraño sonido debe ser producido por una criatura viviente. Sin embargo, el sonido es tan fuerte que el animal tendría que ser enorme, incluso más grande que el calamar gigante.

¿Existe un monstruo sin descubrir en las profundidades? ¿Cómo luce? Estas preguntas aún deben ser respondidas por los exploradores del mañana.

Vocabulario

bioluminiscencia: capacidad de producir luz

cadena alimenticia: serie de animales que se comen entre sí

carnívoro: animal que se come a otros animales

depredador: animal que come otros animales

herbívoro: animal que come plantas

presa: animal que es el alimento de otro animal

sumergible: embarcación submarina

Buceo en el fondo del MAR

¿Quién habita en las oscuras profundidades? Descúbrelo buceando en esta parte del océano Atlántico. Conocerás algunas criaturas raras pero asombrosas que viven en el fondo del mar.

Verás que algunos peces tienen manchas blancas o amarillas. Ellas se llaman bioluminiscencia, es decir, la luz que emiten los seres vivientes. Esa es una de las formas en las que los animales se han adaptado a su mundo en tinieblas.

Saltando por encima de la superficie se encuentran los peces voladores (1). Sus aletas parecidas a un par de alas los ayudan a "volar" hasta mil pies de distancia por encima del agua. El círculo (3) ofrece una vista de cerca de las diminutas criaturas del océano. Ellas forman una capa aproximadamente a 900 pies por debajo de la superficie. En una época, los científicos creían que esta capa marcaba el fondo del océano.

Aclaración: los animales no están dibujados a escala.

1. Pez volador
2. Macarela
3. Vista ampliada
4. Pechito
5. Pez linterna
6. Pez víbora
7. Pez luciérnaga
8. Calamar gigant
9. Rape
10. Pulpo
11. Anguila pelícan
12. Pez cola de rat
13. Ofiura
14. Pepino de mar

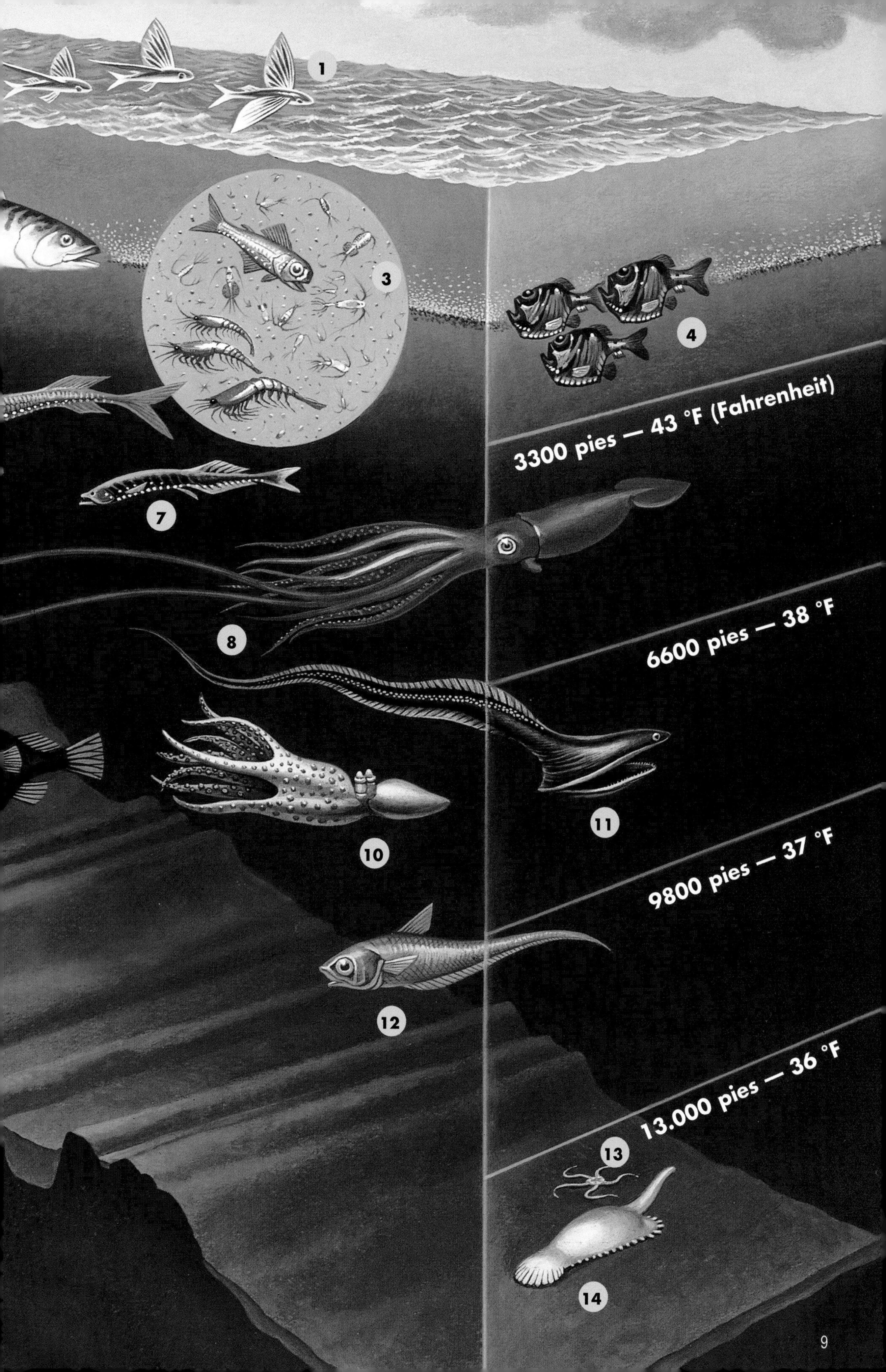
1
3
4
3300 pies — 43 °F (Fahrenheit)
7
8
6600 pies — 38 °F
11
10
9800 pies — 37 °F
12
13.000 pies — 36 °F
13
14

Explora el fondo del océano

Los animales no son lo único que los científicos estudian en el océano. También estudian las características del fondo del océano. Algunas son similares a las que encontramos en tierra firme. ¿Qué tipos de características reconoces?

AMÉRICA DEL NORTE
Fosa de Puerto Rico
Cordillera Mesoatlá
OCÉANO ATLÁNTICO
OCÉANO PACÍFICO
SUDAMÉRICA
Fosa de Perú-Chile
Plataform de Bras
Plataforma de Argentina

1. Los montes submarinos son volcanes que se elevan del fondo del océano. Algunos se elevan 13.000 pies por encima del fondo del océano.
2. Las cordilleras meso océanicas cadenas montañosas que se extienden por el océano. La Cordillera Mesoatlántica tiene 37.000 millas de largo.
3. Las llanuras abisales son las zonas planas en cada lado de las cordilleras meso oceánicas. Estas zonas están cubiertas de sedimentos.
4. La plataforma continental bordea cada continente. En su borde exterior, la plataforma continental puede tener casi 6500 pies de profundidad.

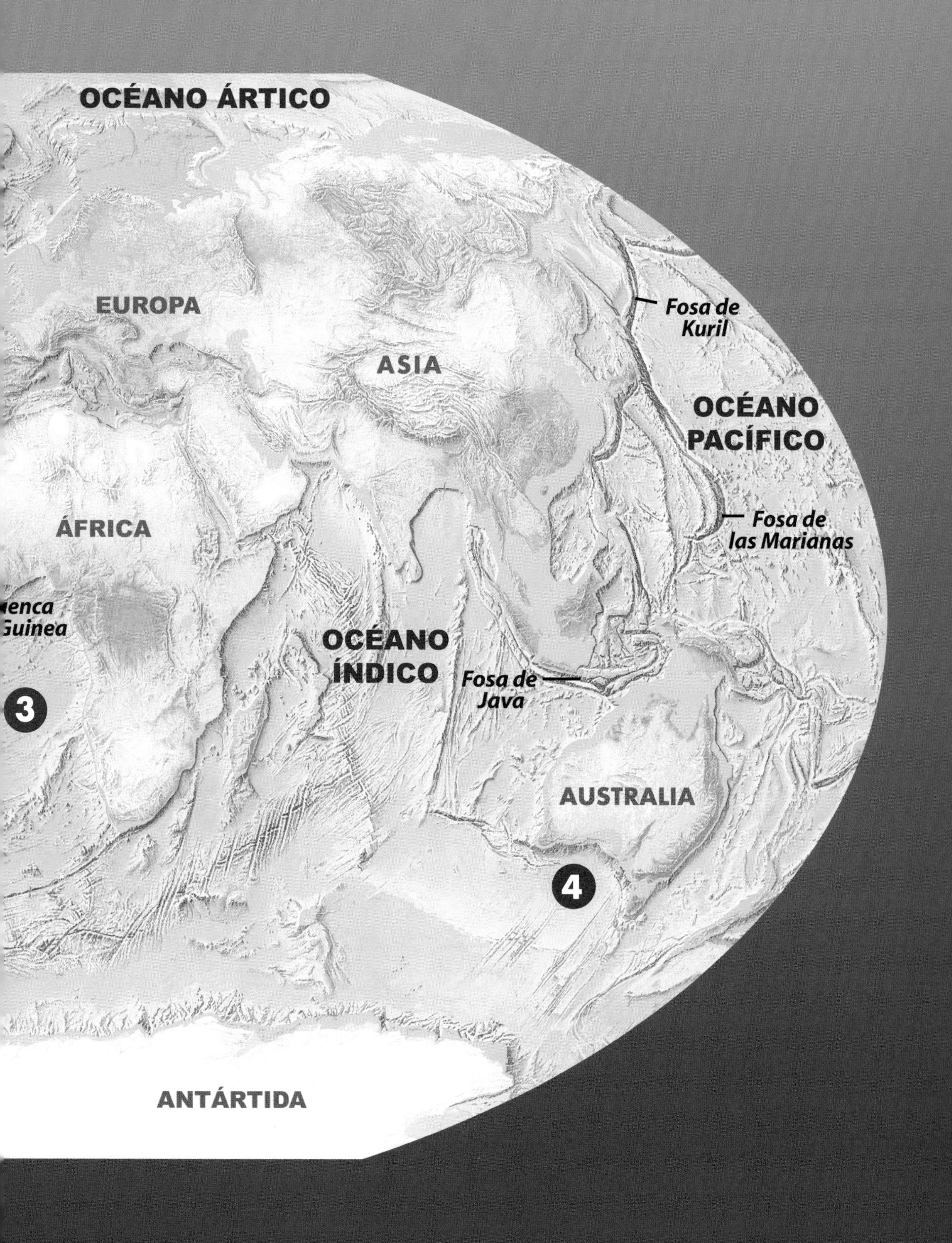
OCÉANO ÁRTICO
EUROPA
ASIA
Fosa de
Kuril
OCÉANO
PACÍFICO
Fosa de
las Marianas
ÁFRICA
enca
Guinea
OCÉANO
ÍNDICO
Fosa de
Java
3
AUSTRALIA
4
ANTÁRTIDA

El fondo del mar

Es hora de adentrarse y averiguar cuánto has aprendido acerca de la vida en el fondo del océano.

1. ¿Cómo estudian los científicos el océano?
2. ¿Por qué el fondo del mar es un lugar peligroso para vivir?
3. ¿Un depredador puede convertirse en presa? Explica.
4. ¿Qué es una cadena alimenticia? Dibuja un diagrama para demostrar el funcionamiento de una cadena alimenticia.
5. ¿Qué es la bioluminiscencia? ¿Por qué es beneficiosa y peligrosa al mismo tiempo?